VENTE

AUX ENCHÈRES PUBLIQUES

Les Jeudi 24 et Vendredi 25 Janvier 1907

A 2 HEURES

HOTEL DES VENTES — SALLE N° 11

Meubles Anciens et Modernes

TABLEAUX, GRAVURES, DESSINS

Par ou attribués à

BAUDRY, FRAGONARD, COROT, DECAMPS, TENIERS, WATTEAU, etc.

Objets de Vitrine

BIJOUX ET ARGENTERIE

MARBRES, par A. BOUCHER

BRONZES D'ART ET D'AMEUBLEMENT

Faïences et Porcelaines Anciennes

ÉTOFFES — DENTELLES — BRODERIES

TAPIS D'ORIENT

Objets divers

Me Hippolyte BONDU
Commissaire-Priseur
SUCCESSEUR DE Me THOUROUDE
32, Rue Le Peletier, 32

M. Émile BERTIER
Expert
149, Avenue du Maine, 149

CHEZ LESQUELS SE TROUVE LE PRÉSENT CATALOGUE

EXPOSITION PUBLIQUE

Le Mercredi 23 Janvier 1907, de 2 heures à 6 heures

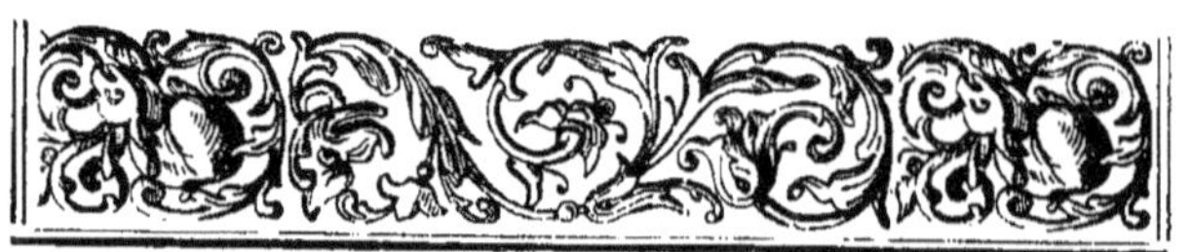

DESIGNATION

MEUBLES

1 — Chambre à coucher en acajou ciré ornée de bronzes, style Louis XV composée de : un lit, armoire à glace, table de nuit.

2 — Belle toilette en bois laqué blanc, style Louis XV.

3 — Salle à manger en noyer ciré de style Renaissance composée de : buffet, pannetière, table et huit chaises.

4 — Chiffonnier Louis XVI en acajou et cuivre.

5 — Bureau Louis XIV en marqueterie orné de bronzes.

6 — Secrétaire Empire acajou et cuivre.

CONDITIONS DE LA VENTE

La vente sera faite expressément au comptant.

Les acquéreurs paieront 10 o/o en sus des enchères.

L'exposition mettant le public à même de se rendre compte de l'état des objets, il ne sera admis aucune réclamation une fois l'adjudication prononcée.

7 — Meuble à hauteur d'appui style Louis XVI, en bois de rose et palissandre garni de bronzes et dessus de marbre blanc.

8 — Secrétaire Louis XVI en marqueterie de bois de rose.

9 — Guéridon laqué blanc tablette d'entrejambe cannée.

10 — Grande armoire à portes pleines en bois sculpté, style Louis XIII.

11 — Bibliothèque Louis XVI en acajou et à grilles, dessus marbre blanc.

12 — Table à jeu Louis XV en marqueterie, dessus drap vert.

13 — Chiffonnier Louis XVI, en marqueterie bois de rose garni de bronzes, dessus de marbre.

14 — Bureau dos d'âne Louis XVI en marque-bois de rose garni de bronzes.

15 — Commode Louis XVI, marqueterie de bois garni de bronzes.

16 — Secrétaire Louis XV en marqueterie bois de rose garni de bronzes et dessus de marbre.

17 — Console Louis XV en bois sculpté et doré.

18 — Bureau plat Louis XV, en marqueterie bois de rose.

19 — Petit coffre, marqueterie bois de rose et violette.

20 — Guéridon bois sculpté et doré, dessus marbre royal.

21 — Console Louis XV, en bois sculpté et doré.

22 — Bahut d'antichambre en bois sculpté, xve siècle.

23 — Piano en palissandre.

24 — Salon recouvert en panne verte composé de : deux canapés et de deux fauteuils, style Louis XV.

25 — Bergère Louis XVI, bois sculpté recouverte en soierie.

26 — Deux bergères en bois laqué, style Louis XVI.

27 — Deux chaises en bois doré, style Louis XVI.

28 — Cheminée en pierre, époque Louis XIV.

29 — Deux colonnes en palissandre.

30 — Panneau arabe en moucharabi.

31 — Glace cadre en bois sculpté.

32 — Cadre ovale en bois sculpté à feuillages et roses, style Louis XV.

33 — Cadre en bois sculpté et glace.

34 — Cadre en bois sculpté, style Louis XIII.

35 — Chaise longue en bois laqué, style Louis XV.

36 — Secrétaire Louis XV, en bois laqué.

37 — Deux ciels de lit en bois sculpté, époque Louis XIV.

OBJETS D'ART

38 — Bas-relief en marbre : Buste jeune fille par A. Boucher.

39 — Bas-relief en marbre de Carrare : Buste de femme par A. Boucher.

40 — La Béatrix du Dante, marbre signé : Pugi.

41 — Sujet en jade de Chine sur socle.

42 — Boîte en cristal de roche.

43 — Christ en ivoire, XVIIe siècle.

44 — Deux bustes d'hommes en bois sculpté, XVIIe siècle.

45 — Deux porte-bouquets en faïence.

46 — Boîte à timbre en porcelaine décorée.

47 — Groupe en biscuit genre Sèvres. Pastorale.

48 — Deux plats suite de Bernard Palissy.

49 — Deux plats faïence de Rouen.

50 — Plat vieux Rouen. Curieuse décoration au dos.

51 — Grande bouteille en porcelaine décorée de la Chine (famille verte).

52 — Fontaine en porcelaine du Japon.

53 — Série de onze flacons chinois.

54 — Petite statuette : Chimère en cristal de roche.

55 — Statuette en porcelaine de Saxe.

56 — Vase en grès cérame de Goldscheider signé : Pêcheur.

57 — Manches de couteaux japonais, quarante-huit pièces.

58 — Deux plats italiens.

59 — Deux plats vieux Berlin.

60 — Plat Chine à personnages, genre famille verte.

61 — Plat à faïence inscription allemande.

62 — Quatre assiettes vieux Chine.

63 — Deux fraisiers ajourés Japon.

64 — Plat ovale vieux Rouen.

65 — Plat vieux Chine, décor bleu.

66 — Plat vieux Japon.

67 — Plat Chine : Scène de la vie chinoise.

68 — Trois plats vieux Delft.

69 — Deux plats artistiques.

70 — Applique : Plat vieux Chine.

71 — Lot de tasses en ancienne porcelaine de Chine.

72 — Trois vases de pharmacie en ancienne faïence de Delft.

73 — Chocolatière en porcelaine décorée Empire.

74 — Deux plats en faïence de Delft, décor polychrome.

75 — Deux assiettes faïence de Delft.

76 — Plat ancien en étain. Cadre en bois sculpté.

77 — Statuette en bronze de la Vénus de Milo.

78 — Statuette en bronze : Diane d'après Houdon.

79 — Buste de Sultane en bronze.

80 — Deux chevaux de Marly en bronze.

81 — Vases en bronze argenté de style Louis XVI.

82 — Lustre en bronze orné de cristaux

83 — Lustre à neuf lumières en cuivre poli.

84 — Deux boîtes en cuivre gravé.

TABLEAUX, GRAVURES

AQUARELLES, MINIATURES

85 — BAUDRY (Paul). Académie, à la sanguine.

86 — COROT (D'après). Paysage.

87 — DECAMPS. Labour. Dessin offert à Rossini.

88 — DECAMPS. Chenil. Dessin.

89 — DELAROCHE (D'après Paul). Les Enfants d'Edouard. Aquarelle.

90 — MARNE (De). Paysage et animaux. Toile, deux pendants.

91 — DESCAMPS DE VERSAILLES. Dessin à la sanguine.

92 — FRAGONARD (Attribué à). Tête de guerrier.

93 — FRAGONARD (Attribué à). Vénus aux amours. Toile.

94 — FROMENTIN. Cavalier arabe. Dessin. Cachet de la vente de l'artiste.

95 — GUARDI. La Tarentelle. Plume et sépia

96 — GREUZE (Genre de). Intérieur. Dessin de porte toile, cadre bois sculpté.

97 — HAMMAN. Les Amants de Venise. Aquarelle.

98 — HERBAL. Sujet religieux.

99 — HELLEU. La Harpiste. Croquis.

100 — NOURY (Gaston). Edouard Drumont crucifié par Rothschild. Dessin.

101 — KEYSER (D'après de). Gentilhomme. Toile.

102 — LE PRINCE. L'astrologue. Dessin à la sanguine.

103 — MÉRY. Coq et poules. Dessin.

104 — MICHEL. Anciennes carrières de Montmartre. Aquarelle.

105 — SAINT-AUBIN (D'après). Deux gravures : Le Bal et le Concert.

106 — SAINTIN (Henry). Paysage. Panneau.

107 — SCHOUTEN. Singes. Panneau.

108 — TÉNIERS (Genre). Scène de cabaret. Toile avec Cadre bois sculpté.

109 — TÉNIERS (Genre). Danse villageoise au cabaret. Toile.

110 — TYSS. Étude de femme nue.

111 — RAFFET. Buveur. Lavis.

112 — THOMINE-DÉMAZURE. Paysage

113 — VAN TULDEN. Jugement de Paris. Panneau.

114 — VISSER. Marine. Gouache.

115 — WATTEAU (D'après). Pastorale. Panneau.

116 — WATTEAU (D'après). Pastorale. Toile.

117 — WILLETTE. Grand dessin.

118 — WILLETTE. Dessin.

119 — ECOLE FRANÇAISE. Deux paysages ; deux portraits époque Louis XV.

120 — ECOLE FRANÇAISE. Deux portraits d'hommes. Toiles.

121 — ECOLE ANGLAISE. Anes Panneau.

122 — Marines. Deux études sur carton.

123 — Dessus de porte : Paysage représentant une vallée.

124 — Panneau portrait de femme dans un cadre en bois sculpté à oiseaux et raisins.

125 — Miniature sur cuivre. Paysage.

126 — Portrait de l'Empereur Napoléon Ier.

127 — Miniature sur ivoire : Portrait de Mlle de Folleville.

128 — Miniature : Portrait de Mme de Pompadour.

129 — Deux gravures coloriées. Ecole Française du XVIIIe siècle.

130 — Miniature : Portrait de Mme Du Barry.

131 — ECOLE FRANÇAISE DU XVIIIe SIÈCLE : Portrait de Mme la maréchale de Rochefort représentée en costume ecclésiastique.

132 — Coffret avec miniature-portrait de Marie-Antoinette.

133 — L'heureux ménage ; la Demande acceptée. Deux pendants d'après Lépicié.

134 — Deux miniatures : Paysages, cadres en bronze doré.

135 — Miniature : Sujet galant.

136 — Deux petites gravures coloriées et encadrées, d'après Boucher.

137 — Bonbonnière avec miniature.

138 — Louis XVIII en costume de cour.

139 — Miniature : Portrait de dame en costume du temps de Louis XIV.

140 — Miniature : Portrait de Mme de Montesson.

TAPISSERIES, ÉTOFFES

BRODERIES, DENTELLES, TAPIS

141 — Panneau tapisserie à personnages, XVIe siècle.

142 — Grands fragments de tapisserie.

143 — Bandeau de tapisserie au point, fleurs et feuillages.

144 — Quatre bandes-bordures tapisserie.

145 — Bannière du XVIe siècle.

146 — Voile de piano en soie ancienne brochée.

147 — Tentures brodées de la Chine, trois pièces.

148 — Couvre-lit en étoffe jaune.

149 — Panneau en satin de soie japonaise brodée de fleurs et oiseaux.

150 — Bandeau de drap rouge brodé, scène de personnages chinois.

151 — Tentures en soie brodée de la Chine.

152 — Coussin en soie brodée.

153 — Volant de 4m20 de dentelle de Luxeuil.

154 — Volant de 4m10 dentelle application d'Angleterre.

155 — Lot de douze dentelles de filets. (Sera divisé).

156 — Grande voilette en dentelle de Chantilly.

157 — Pointe en dentelle de Chantilly.

158 — Voilette en ancienne application au point à l'aiguille.

159 — Etole en marabout.

160 — Lot bordures cuir de Cordoue.

161 — Quatre rideaux en imitation de tapisserie.

162 — Carpette orientale.

163 — Carpette orientale.

164 — Tapis de Smyrne $4^{m} \times 5^{m}$.

BIJOUX, ARGENTERIE

OBJETS DIVERS

165 — Montre en or ornée de brillants. .

166 — Paire de boucles d'oreilles en or ornées de brillants.

167 — Paire de boutons d'oreilles en or ornés de roses et cabochons.

168 — Paire de boutons d'oreilles en or ornés de roses.

169 — Bague marquise en or ornée de brillants et saphirs.

170 — Boîte pour douze couverts en argent premier titre.

171 — Douze cuillères à café en vermeil.

172 — Boite de couverts en orfèvrerie Christofle.

173 — Christ en bronze doré.

174 — Violon ancien.

175 — Cythare ancienne à panneaux décorés de paysages animés.

176 — Un lot de monnaies.

177 — Boite en cuir gaufré du xve siècle.

178 — Feuille en cuir de Cordoue décoré.

179 — Pipe bavaroise en ivoire sculpté.

180 — Boite à musique.

181 — Lunette astronomique ancienne.

182 — Statuette équestre de Louis XIII en bronze.

183 — Petit groupe en bronze, jeune fille et oiseau.

184 — Petit groupe, coq et poules, en bronze de Frémiet.

185 — Lot de réchauds en métal argenté.

186 — Lyre antique.

187 — Paire de porte-bouquets en faïence.

188 — Lot de cristaux, verres et faïences.

189 — Objets omis.

PARIS. — IMP. C. CHAUFOUR, 8 & 10, RUE MILTON

www.ingramcontent.com/pod-product-compliance
Lightning Source LLC
LaVergne TN
LVHW010410240826
846091LV00020B/3085

* 9 7 8 2 3 2 9 5 3 2 0 9 7 *